초판 1쇄 발행 2025년 8월 10일

글 클라이브 기포드 **그림** 안드레사 마이스너 **옮김** 이한음
펴낸이 김동호 **펴낸곳** 키위북스
편집장 김태연 **편집** 김도연, 박주원 **꾸민곳** 양X호랭 DESIGN
주소 경기도 고양시 일산동구 중앙로 1079, 522호
전화 031)976-8235 **팩스** 0505)976-8234
전자우편 kiwibooks7@gmail.com **출판등록** 2010년 2월 8일 제2010-000016호

The Explosive History of Volcanoes
Text by Clive Gifford
Illustrations by Andressa Meissner
First published in Great Britain in 2024 by Wayland
Copyright © Hodder and Stoughton, 2024
Korean edition edition copyright © Kiwi Books, 2025
All rights reserved.
This Korean edition is published by arrangement with Hodder & Stoughton Limited, on behalf of its publishing imprint Wayland, a division of Hachette Children's Group, through Shinwon Agency Co., Ltd.

이 책의 한국어판 저작권은 신원 에이전시를 통한 저작권자와의 독점 계약으로 키위북스가 소유합니다.
신저작권법에 의하여 한국 내에서 보호를 받는 저작물이므로 무단 전재 및 복제를 금합니다.

ISBN 979-11-94843-14-6 (73400)

· 잘못된 책은 바꾸어 드립니다.
· 책값은 뒤표지에 있습니다.

차례

우르르 쾅!	8
뚫고 뿜어져 나오다!	10
사화산·휴화산·활화산	12
불의 고리	14
분화!	16
다양한 용암	18
화산의 종류	20
가장 강력한 화산!	22
VEI 1과 VEI 2	24
VEI 3과 VEI 4	26
VEI 5와 VEI 6	28
VEI 7과 VEI 8	30
악명 높은 화산들	32
베수비오산	34
탐보라산	36
크라카타우산	38
세인트헬렌스산과 에이야퍄들라이외퀴들산	40
화산과 함께 살아가기	42
화산이 만든 지형	44
과학자들이 생명을 구하다!	46
태양계의 수많은 화산	48
뜻풀이	50

우르르 쾅!

언제든 폭발할 수 있는 거대한 폭발물 창고 위에 앉아 있다고 상상해 보세요. 아주 무섭게 들리겠지만, 세계 각지에서 약 3억 5천만 명이 매일 이런 상황에 놓여 있어요.

바로 활화산의 비탈이나 그 근처에 사는 사람들이지요. 화산은 지구의 지각*에 난 구멍이에요. 이곳으로 때때로 뜨거운 용암*과 가스가 뿜어져 나와요. 이를 '분화*' 또는 '분출'이라고 해요. 분화는 용암이 천천히 흘러나오는 형태부터 산꼭대기 전체를 날려 버릴 정도로 크게 폭발하는 형태까지 다양해요.

2002년, 콩고 민주 공화국의 니라공고산이 분화했어요. 뜨거운 온도에 녹아 버린 암석이 빠르게 흘러 고마시에 있는 건물들의 6분의 1을 불태우고 파괴했어요. 이 분화로 약 12만 명이 집을 잃었어요.

화산이 분화하면 대부분 재난 상황으로 이어져요. 사는 곳이 파괴되고 재산 피해를 입을 뿐만 아니라, 심하면 목숨까지 잃을 수 있어요. 하지만 화산 활동은 지금의 지구를 만든 과정의 일부이기도 해요.

화산은 육지, 바다, 섬, 심지어 깊은 물속에도 생겨요. 남극 대륙을 포함해 지구의 모든 대륙에 있어요. 이제 이 흥미로운 화산들의 무시무시하고 놀라운 역사를 살펴볼까요?

뚫고 뿜어져 나오다!

화산은 모양과 크기가 제각각이에요. '분화구*'가 어떤 형태인가에 따라 특징이 달라지기 때문이지요. 분화구란 뜨거운 온도에 녹아 버린 암석이 흐르고 뿜어져 나오는 구멍이에요. 녹은 암석이 땅속에 있을 때는 '마그마*'라고 하고 땅 위로 올라오면 용암이라고 해요.

지구의 바깥 표면은 지각이라는 단단한 암석층으로 덮여 있어요. 지각의 두께는 다양해요. 해저*에 있는 지각은 몇 킬로미터에 불과한 곳도 있고, 산맥 아래에 있는 지각은 60킬로미터에 달하기도 해요. 지각 아래에는 맨틀*이라는 두꺼운 층이 있어요. 마그마로 가득한 층이지요.

마그마는 주변의 고체로 된 암석보다 더 가벼워요. 그래서 위로 솟아올라서 마그마방이라는 커다란 웅덩이에 고여요. 지각이 약하거나 틈새가 있다면, 마그마는 계속 위로 올라와 지표면을 뚫고 나와요. 그러면 화산이 되지요.

분화 때 나온 화산재*와 용암은 층층이 쌓여서 원뿔 모양을 이루곤 해요.

화산 비탈에서 암석이 갈라지거나 쪼개진 틈새로 용암이 새어 나올 수도 있어요.

화산은 활동 여부에 따라서 세 가지 종류로 나눌 수 있어요.

사화산

인류 역사에서 분화했다는 기록이 없는 화산이에요. 적어도 1만여 년 전부터는 활동하지 않은 화산이지요. 화산을 연구하는 과학자인 화산학자*는 사화산*이 다시 분화할 가능성은 낮다고 봐요. 오스트레일리아의 부닌용(Buninyong)산과 왼쪽 그림에 있는 미국 뉴멕시코주의 십록(Shiprock)산이 대표적인 사화산이에요.

휴화산

오랜 시간 분화하지 않았지만, 역사에 활동 기록이 남아 있어 앞으로 다시 분화할 수도 있는 화산이에요. 미국의 레이니어산과 오른쪽 그림에 있는 카나리아 제도의 테이데산은 휴화산*이에요.

활화산

언제든 분화할 수 있는 화산을 활화산*이라고 해요.
최근에 분화했다는 기록이 있고, 곧 다시 분화할 가능성이
높아 보이는 화산이에요. 현재 활화산은 약 1,350개가 있어요.
1년 내내 계속 분화하는 화산도 있는데, 하와이의
킬라우에아산은 수십 년째 분화하고 있어요.
아래 그림에 있는 이탈리아의 스트롬볼리섬은
지난 2천 년 동안 분화를 계속해 왔어요.

화산섬인 스트롬볼리섬은 땅속에서 일어나는
소규모 폭발로 용암과 분출물이 흘러나와 좁은
강처럼 흐르곤 해요. 이 모습 때문에 밤에도
빛나는 '지중해의 등대'라는 별명이 붙었어요.

불의 고리

화산을 좋아한다면, 여기로 찾아가면 돼요! 바로 '불의 고리*'라고 불리는 환태평양 조산대예요. 태평양의 가장자리를 따라 늘어서 있는 화산들을 죽 이은 모양이 마치 고리 모양과 비슷하다고 해서 불의 고리라고 불려요. 세계 활화산의 4분의 3이 여기에 있고, 세계의 지진*도 대부분 여기에서 일어나요.

아시아

후지산

지각판

크라카타우산

지구의 지각은 여러 개의 거대한 덩어리로 쪼개져 있어요. 이 덩어리를 '지각판*'이라고 해요. 지각판은 녹아 있는 뜨거운 암석인 마그마 위에 떠 있어요.

탐보라산

인도양

오스트레일리아

지각판은 많으면 1년에 몇 센티미터까지도 움직여요. 지각판들의 가장자리가 서로 만나는 곳을 '경계'라고 해요. 화산과 지진 활동은 대부분 지각판의 경계*와 그 주변에서 일어나요.

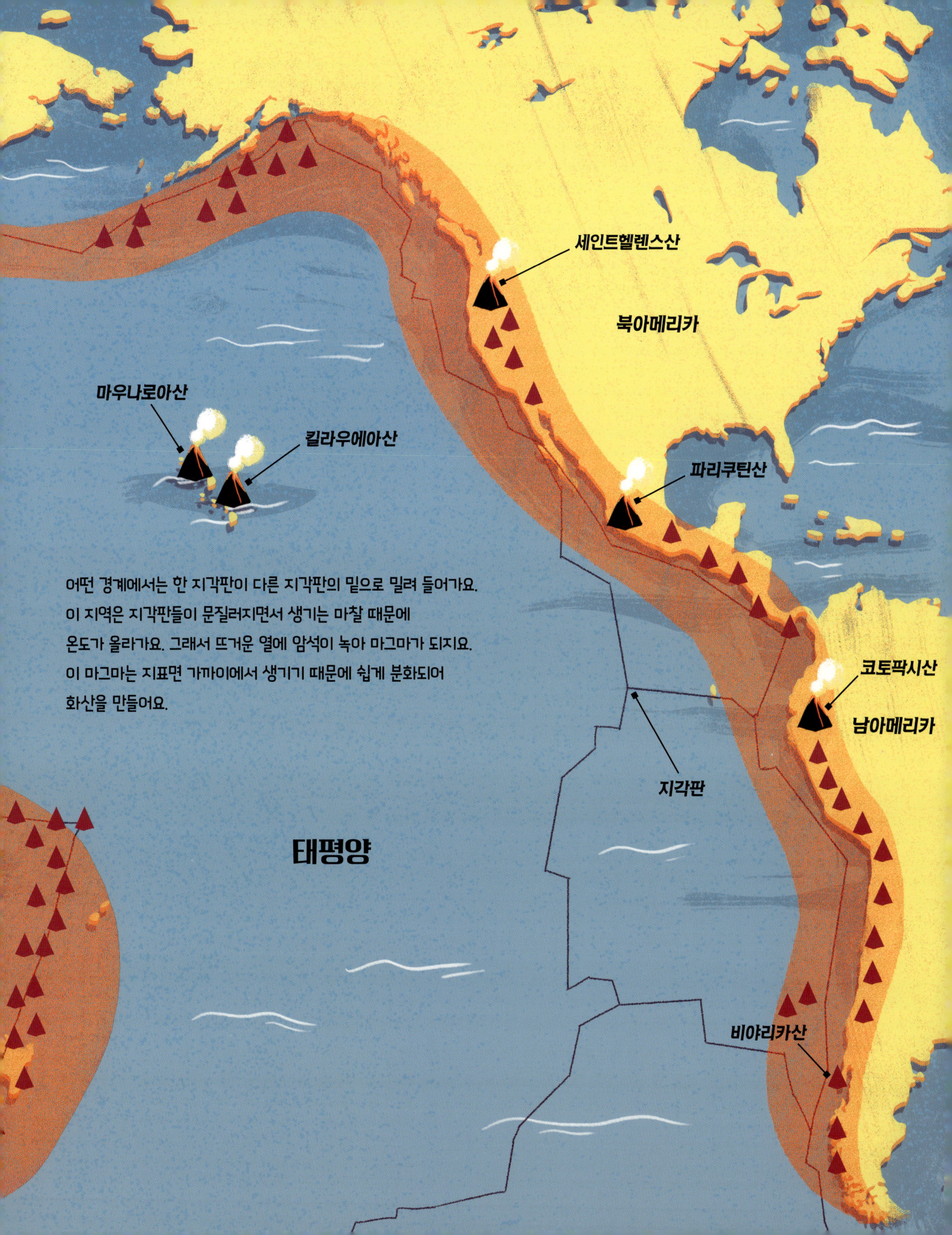

분화!

화산이 분화하면 약 1,200도에 달하는 뜨겁고 붉은 암석이 지표면을 뚫고 솟구쳐요. 하지만 화산이 터질 때 위험한 것은 용암만이 아니에요.

암석과 용암탄

화산이 폭발하듯이 분화할 때, 암석은 초속 300미터의 속력으로 날아갈 수 있어요. 시간당 1,080킬로미터를 가지요. 용암탄은 지름이 6센티미터가 넘는 용암 덩어리예요. 날아가면서 열기는 식지만 아주 멀리까지 뿜어지기도 해요.

지진

화산 속에서 움직이는 마그마는 지진을 일으킬 수 있어요. 마그마가 밀어내는 힘은 지각에 계속 쌓여요. 그러다가 어느 순간 지각이 확 움직이면서 그 에너지를 쏟아 내면 지진이 발생하지요. 이때 진원*, 즉 지진이 생긴 지점으로부터 지진파*가 퍼져 나가요. 지진파는 땅을 세게 뒤흔들어서 산사태를 일으키고 건물을 무너뜨릴 수 있어요.

화산 가스와 화산재
이산화 황*과 염화 수소* 같은 유독한 가스를 짙게 뿜어내는 화산도 있어요. 화산 가스와 함께 비처럼 쏟아지는 화산재는 생물의 건강에 심각한 피해를 끼쳐요. 작물을 죽이고, 물을 오염시키고, 심하면 사람이든 차든 건물이든 모두 묻어 버려요.

화산 구름
분화 때 뜨거운 가스, 암석 부스러기, 화산재가 섞여 낮게 깔린 구름을 이루기도 해요. 이런 구름은 시속 80에서 300킬로미터의 속도로 떠다녀요. 도시 위를 지나가며 모든 것을 파괴하는데 속도가 너무 빨라서 피하지 못할 수도 있어요.

진흙류
폭우가 내리면 화산에서 나온 화산재와 암석이 마치 거대한 흙더미처럼 흘러내릴 수 있어요. 이 더미는 비탈을 따라 흐르면서 모든 것을 집어삼켜요. 물론 사람도요.

지진 해일
화산과 지진은 지진 해일과 같은 거대한 파도를 일으킬 수 있어요. 지진 해일*은 먼바다에서는 빠른 속도로 낮게 나아가다가, 해안에 다가오면서 점점 높아지는데 그 높이가 수십 미터에 달하기도 해요. 해안을 강타하고 부서지면서 바닷가의 모든 것을 파괴해요.

다양한 용암

분화 때 흘러나오는 용암의 종류는 다양해요. 화산학자들은 두께, 길이 등 형태에 따라 용암을 크게 네 종류로 나누어요. 각 용암이 어떻게 생겼고 어디에서 분화했는지 알아볼까요?

아아용암

아아용암은 두껍지만 놀라울 만큼 빨리 흐르고 열도 빠르게 식어요. 식어서 굳으면 울퉁불퉁한 작은 돌덩이 같지요. 헐겁게 아무렇게나 쌓여 있는 듯 보이지만, 아주 날카로운 것도 있어서 아아용암이 굳은 곳은 걸어 다니기 힘들 수 있어요.

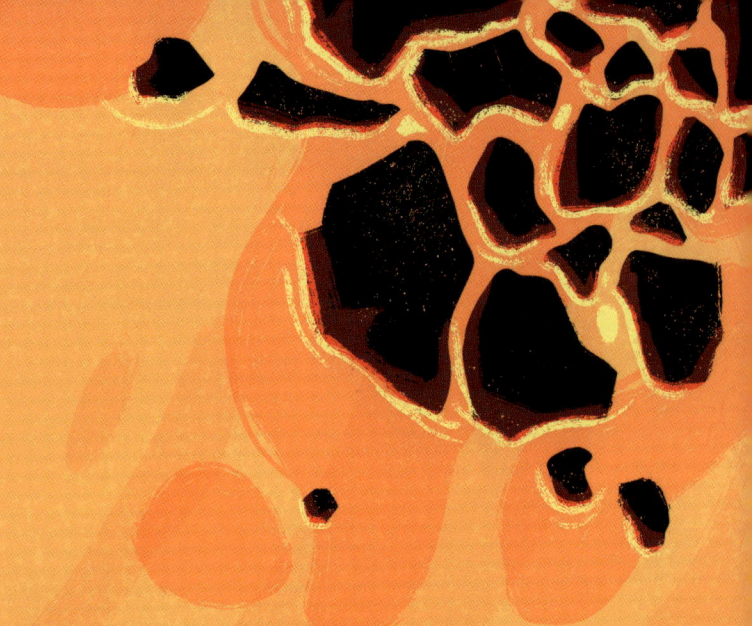

괴상 용암

아아용암과 비슷하지만 괴상 용암은 더 두꺼워서 느리게 흐르는 탓에 멀리 가지 못해요. 굳으면 10센티미터에서 1미터 크기의 매끄럽고 커다란 돌덩어리처럼 돼요.

베개 용암

이 용암은 해저에서 스며 나오는데, 바깥층은 바닷물과 만나면서 식어요. 하지만 속에서는 뜨거운 용암이 계속 밀려 나와 베개나 풍선 같은 둥그스름한 모양이 돼요. 베개 용암은 층층이 쌓여서 높이가 수십 미터에 이르기도 해요.

파호이호이 용암

이 뜨거운 용암은 주름지거나 접힌 곳도 있지만 대체로 표면이 매끄러워요. 식으면 마치 밧줄처럼 보이기도 하지요. 느리게 움직이는 편이지만, 다른 용암들보다 더 뜨거워서 천천히, 꽤 멀리까지 나아갈 수 있어요. 1859년 마우나로아산이 분출할 때 파호이호이 용암은 51킬로미터나 흘러갔어요.

탄자니아의 올도이니오렝가이산은 아주 특이한 용암을 뿜어내요. 다른 용암보다 훨씬 낮은 약 500도에서 분출하는 이 용암은 특이하게도 검은색을 띠어요. 하지만 용암에 칼슘과 소듐*이 가득해서, 분화하며 공기 중 이산화 탄소와 만나면 빠르게 흰색으로 변하지요.

화산의 종류

분화의 규모와 세기, 생성되는 용암의 종류와 분출물의 양에 따라 화산의 모양이 달라져요. 가장 흔한 종류 다섯 가지를 살펴볼까요?

성층 화산

- 일본 후지산
- 미국 세인트헬렌스산
- 코스타리카 아레날산

복합 화산이라고도 하는 전형적인 원뿔 모양의 성층 화산은 꼭대기로 갈수록 중앙 분화구 주위의 비탈이 더 가팔라져요. 폭발적인 분화가 반복되면서 화산재와 용암이 층층이 쌓여 생기지요. 화산재 위로 다시 용암이 흘러서 덮어 버리기 때문에 화산재가 쉽게 쓸려 내려가지 않아요.

화산회구*와 분석구*

- 멕시코 파리쿠틴산
- 미국 위저드섬
- 일본 스리바치산

화산재와 식은 용암 조각들로 이루어진 작은 화산이에요. 가벼운 물질들이 금방 쌓여서 가파른 원뿔 모양이 되는데 높이가 수백 미터까지 솟아오르기도 해요. 더 큰 순상 화산이나 성층 화산의 비탈에 생기기도 해요.

순상 화산

- 하와이 마우나케아산
- 아이슬란드 트뢸라딩자(Trölladyngja)산
- 갈라파고스 제도 페르난디나섬

덜 두껍고 더 빨리 흐르는 용암은 많은 양이 분출되면 다른 용암보다 더 멀리까지 흘러요. 이런 용암이 굳으면 비탈이 완만하고 넓은 순상 화산이 생겨요.

칼데라

- 탄자니아 응고롱고로산
- 아르헨티나 세로갈란산
- 미국 크레이터호

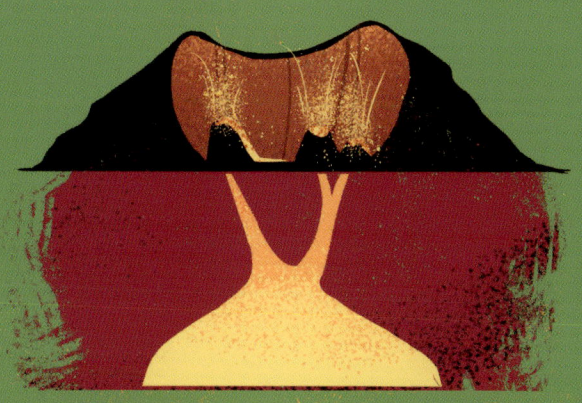

성층 화산의 꼭대기는 강력한 분화가 일어난 뒤 무너지기도 하는데 그러면 거대한 분화구, 칼데라가 생기곤 해요. 지름이 몇 킬로미터에 달하기도 하지요. 화산 활동을 멈춘 채로 오랜 세월이 지나면 칼데라에 물이 고여서 호수가 생기는 곳도 많아요. 아니면 크라카타우산처럼 바닷물에 잠기기도 해요.

용암돔

종상 화산

- 세인트빈센트 그레나딘* 수프리에르산

산성을 띤 용암은 다른 용암들보다 더 두껍고, 더 끈적거리지만, 덜 뜨거워요. 점성이 커서 흘러나오자마자 빠르게 굳어 가파른 용암돔*을 형성해요.

가장 강력한 화산!

분화한 시기도 지역도 모두 다른 화산들의 폭발 강도를 어떻게 비교할까요? 폭발 강도를 비교하려면 모든 화산에 적용되는 동일한 척도가 있어야 해요. 1982년에 화산학자 크리스 뉴홀과 스티븐 셀프는 VEI(화산 폭발 지수)를 개발했어요.

VEI는 분화가 얼마나 강력한지, 분출된 물질의 양이 어느 정도이고 얼마나 높이 솟구쳤는지를 측정한 것이에요. 화산 폭발이 얼마나 강력한지 대강 파악하기 위한 용도로 0에서 8까지 등급을 나누어요. 숫자가 클수록 분화가 훨씬 더 강력하고 격렬하다는 뜻이에요.

한 등급마다 강도는 약 열 배씩 차이 나요. 즉 VEI 2는 VEI 1보다 약 열 배 더 강력해요. 대다수의 화산은 VEI 0에서 VEI 2예요. VEI 4 이상의 분화부터 피해 규모가 심각하다고 여겨지지만, 사실 더 작은 등급의 화산도 매우 위험할 수 있어요.

VEI가 '폭발력'의 크기를 나타낸다고 했을 때, VEI 0은 좀 실망스러울 수 있어요.
VEI 0은 폭발하지 않은 상태를 말하거든요. 대신에 땅의 갈라진 틈새로 용암이
새어 나오거나 밀려 나와요. 이런 형태의 분화는 몇 주 동안 계속될 수도 있어요.
화산재가 뿜어진다고 해도 높이가 100미터에 못 미쳐요.

VEI 0

상황: 흘러나옴
빈도: 아주 흔함, 1년 내내
사례: 남극 에러버스산

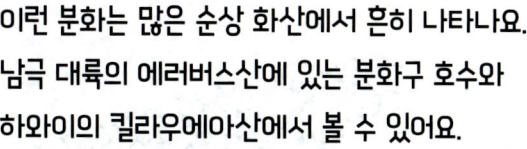

이런 분화는 많은 순상 화산에서 흔히 나타나요.
남극 대륙의 에러버스산에 있는 분화구 호수와
하와이의 킬라우에아산에서 볼 수 있어요.

VEI 1

상황: 소규모
빈도: 흔함, 매일
사례: 이탈리아 스트롬볼리섬

VEI 1부터는 폭발을 볼 수 있어요! 이런 소규모 분화는 세계 어딘가에서 매일 일어나요. 용암이 더 거세게 밀려 나오기도 하고, 때로는 분화구에서 화산재와 용암이 약하게 뿜어지면서 수십 미터까지 날아가기도 해요. 용암 분수도 생기곤 하는데, 용암 분수는 용암에 공기 방울이 잔뜩 들어서 물처럼 흐를 수 있을 때 생겨요. 지표면으로부터 10에서 100미터까지 솟아오를 수 있어요.

VEI 2

상황: 중간 규모
빈도: 약 2주마다
사례: 뉴질랜드 와카아리섬

VEI 1보다 상당히 더 강력해요. 화산재, 가스, 야구공만 한 용암탄으로 이루어진 짙은 구름이 1,000에서 5,000미터 높이까지 뿜어질 수 있어요. 2019년 뉴질랜드 와카아리섬에서 VEI 2 분출이 일어났어요. 이 산에서 나온 화산재와 용암 덩어리, 유독한 가스 때문에 22명이 사망했어요.

VEI 3

상황: 대규모
빈도: 연간 평균 한 번에서 세 번
사례: 카나리아 제도 쿰브레비에하산

이 큰 규모의 분화는 화산재, 암석, 용암 등을 1,000만 세제곱미터 이상 뿜어낼 수 있어요. 인도네시아의 시나붕산과 카나리아 제도의 쿰브레비에하산은 둘 다 2021년에 분화했던 VEI 3 화산이에요. VEI 3 분화에서는 화산재, 암석 부스러기가 비탈을 따라 흘러내리면서 모든 생물을 집어삼켜요.

VEI 4

상황: 매우 대규모
빈도: 평균 18개월에 한 번
사례: 세인트빈센트 그레나딘 수프리에르산

VEI 4는 분화구로부터 해발* 25,000미터 높이까지 엄청난 양의 화산재와 연기를 뿜어요. 필리핀의 탈산은 겨우 300년 남짓한 기간에 VEI 4 규모의 폭발을 다섯 번이나 일으켰어요. 2021년에는 세인트빈센트 그레나딘에 있는 높이 1,234미터의 수프리에르산에서 VEI 4 분화가 일어났어요. 이 분화로 깊이 100미터의 분화구가 생겼고, 주민 약 2만 명이 대피해야 했어요.

VEI 5

상황: 초대규모
빈도: 10~20년에 한 번
사례: 뉴질랜드 타라웨라산

대부분의 VEI 5 분화는 '플리니식' 분화라고 해요. 79년에 베수비오산에서 일어난 폭발을 상세히 기록한 로마 작가, 플리니우스 2세의 이름을 땄어요. 강력한 폭발로 많은 양의 가스와 화산 물질이 하늘 높이 거대하고 시커먼 기둥처럼 솟아올라요. VEI 5 분화는 적어도 1세제곱킬로미터의 물질을 뿜어내요. 고대 이집트의 대피라미드 약 400개와 맞먹는 부피예요. 1886년 타라웨라산의 세 봉우리가 모두 분화했을 때, 엄청난 폭발력이 산을 둘로 쪼개 버렸고 길이 17킬로미터의 골짜기 같은 열곡*이 생겼어요.

VEI 6

상황: 파국적
빈도: 100년에 한두 번
사례: 필리핀 피나투보산

이러한 분화는 평생에 한 번 일어날까 말까 한 사건으로 자연 환경에 엄청난 영향을 미쳐요. 지구에서 가장 최근에 있었던 VEI 6 분화는 필리핀의 피나투보산에서 일어났어요. 1991년에 일어난 이 분화로 마그마 100억 톤이 뿜어졌어요. 지름 18킬로미터의 화산재와 가스 기둥이 생겨났고, 많은 인명과 재산 피해가 발생했어요. 주변을 날아가던 항공기들도 큰 피해를 입었어요. 그 뒤로 몇 달 동안 지구 기온이 평균 0.6도 낮아졌어요.

VEI 7

상황: 매우 파국적
빈도: 1,000~2,000년에 한 번
사례: 인도네시아 탐보라산

이 엄청난 규모의 무시무시한 분화는 다행히도 드물어요. 과학자들은 지난 1만 년 동안 이 정도 규모의 분화는 겨우 여섯 번 일어났다고 추정해요. 약 3,600년 전 지중해의 산토리니섬(티라섬)이 분화했을 때는 섬이 갈라지고 한가운데가 날아가 거대한 칼데라가 생겼어요. 이 분화로 적어도 높이 35미터의 거대한 지진 해일이 일어나서 140킬로미터 떨어진 크레타섬을 쑥대밭으로 만들었다고 기록돼요. 가장 최근에 있었던 VEI 7 분화는 1815년 탐보라산에서 일어났어요.

분화 전

분화 후

VEI 8

상황: 초파국적
빈도: 50,000년에 한 번
사례: 인도네시아 토바산

상상할 수도 없는 수준의 재해를 일으키는 초화산이에요. 가장 마지막에 있었던 VEI 8 분화는 26,500년 전에 일어났어요. 뉴질랜드에서 가장 큰 호수인 타우포호가 그때 생겼지요. 과학자들은 타우포 화산 지대의 분화로 암석과 화산재가 50킬로미터 상공까지 솟구쳤다고 추측해요. 제트기가 나는 높이보다 네 배 더 높아요. 그 이전에는 약 74,000년 전 인도네시아 토바산에서 VEI 8 분화가 있었어요. 여러 해 동안 지구 기온이 5에서 9도가량 낮아질 정도로 엄청난 분화였어요.

토바 화산이 뿜어낸 물질의 양은 역사 기록에 실린 모든 화산의 분출량보다 훨씬 많아요.

베수비오산   세인트헬렌스산   크라카타우산   탐보라산   토바산

악명 높은 화산들

수많은 재산 및 인명 피해를 낳은 악명 높은 화산들이 있어요. 지구 역사상 가장 유명한 화산들을 소개합니다!

마우나로아산-VEI 0

이 거대한 순상 화산의 이름은 '긴 산맥'이라는 뜻이에요. 정말로 이름에 걸맞게 태평양 하와이섬의 약 절반을 차지할 정도로 길어요. 지난 수만 년 동안 자주 분화하곤 했지만 폭발하지 않는 형태의 분화가 대부분이었어요. 용암이 꾸역꾸역 밀려 나와서 멀리까지 흘러가는 식이에요.

에트나산-VEI 3

에트나산은 역사 기록으로 볼 때 세계에서 가장 활발하게 활동하는 화산에 속해요. 기원전 396년부터 기록에 등장했는데 1669년에 분화했을 때는 이탈리아 카타니아시의 절반을 순식간에 파괴했어요.

2021년 2월 에트나산은 다시 분화를 시작했어요. 연기와 화산재 기둥이 12킬로미터 높이까지 솟구쳤지요. 이 화산은 이미 이탈리아 남부에서 가장 높았고 유럽을 통틀어도 가장 높은 활화산이었어요. 이 분화로 2022년에 30미터가 더 높아져서 현재 3,357미터가 되었어요.

마우나로아산

태평양

마우나로아산의 높이는 해발 4,170미터예요. 그런데 수면 아래로도 무려 5킬로미터 이상 뻗어 있어요. 따라서 해저에서부터 높이를 재면, 에베레스트산보다 200미터 이상 더 높아요.

중앙 분화구

마그마방

열점

베수비오산

폼페이와 헤르쿨라네움은 이탈리아 나폴리만을 끼고 있던 활기찬 고대 로마 도시였어요. 뒤로는 베수비오산이 높이 솟아 있었고요. 그런데 79년에 그 산이 격렬하게 분화를 시작했어요.

나흘 동안 작은 지진들이 이어지다가 분화가 연달아 일어났어요. 가스와 화산재가 무려 20킬로미터 높이까지 솟구쳤어요. 해를 완전히 가릴 만큼 짙은 구름이 하늘을 뒤덮었고, 아직 이른 오후였는데도 두 도시는 어둠에 잠겼어요.

베수비오산은 1초당 130만 톤이 넘는 용암과 화산재를 계속 뿜어냈어요. 마침 바람이 폼페이 쪽으로 불고 있었고 곧 뜨거운 화산재, 화산탄이 도시로 비처럼 쏟아졌어요. 사람들은 집에 갇힌 채, 화재와 유독한 가스로 목숨을 잃었어요. 계속 쌓이는 화산 분출물들의 엄청난 무게에 지붕과 건물은 모두 무너져 내렸어요.

또 황 같은 유독한 기체들과 화산재 및 용암 덩어리가 섞여 산비탈로 쏟아지면서 모든 것을 집어삼켰어요. 이틀도 지나기 전에 두 도시는 많은 주민과 함께 엄청난 먼지 더미 속에 묻히고 말았어요.

폼페이와 헤르쿨라네움은 약 1,700년 동안 수 미터 깊이의 화산재에 묻힌 채 남아 있었어요. 발굴을 시작했을 때 사람들은 깜짝 놀랐어요. 분화 당시의 끔찍한 모습과 함께 고대 로마의 모습이 타임캡슐처럼 고스란히 보존되어 있었거든요.

탐보라산

인도네시아 탐보라산의 분화는 인류 역사 기록상 가장 큰 규모였어요. 분화는 산 깊숙한 곳에서부터 땅을 뒤흔드는 엄청난 소리를 내면서 시작되었어요. 수백 킬로미터 떨어진 곳에 있던 병사들이 듣고는 가까이에서 전투가 벌어졌다고 생각할 정도였어요.

탐보라산은 1815년 4월 10일에 분화했어요. 높이 4,300미터의 산꼭대기에서 거대한 불기둥이 세 개나 솟구쳤어요. 산꼭대기는 말 그대로 터져 날아갔고, 지름 6킬로미터의 거대한 칼데라가 생겼어요. 몇 주 동안 화산재가 비처럼 쏟아지면서 도시와 마을을 뒤덮었어요. 1,000킬로미터 떨어진 곳에까지 화산재가 떨어졌지요.

탐보라산은 불을 뿜는 산이 되었어요. 붉게 달아오른 유독한 가스와 암석이 시간당 160킬로미터의 속도로 산비탈을 따라 흘러내렸어요. 속도가 너무 빨라서 달아나는 것은 불가능했고 수천 명이 목숨을 잃었어요. 산더미처럼 쏟아져 내린 화산재와 나무들이 바다를 뒤덮으면서, 항구에 있던 배들도 부서지거나 갇히고 말았어요.

분화로 산 위쪽 3분의 1이 사라졌어요.

역사 기록상 탐보라산은 가장 많은 물질을 대기로 뿜어낸 화산이에요. 하늘이 몇 년 동안 뿌옇고 컴컴하게 변했고, 그 기간 동안 기후에도 심각한 영향을 미쳤어요. 특히 북반구가 폭발의 영향을 더욱 많이 받았어요.

과학자들은 그해에 기온이 최대 3도가량 떨어졌다고 추측해요. 미국 곳곳에서는 한여름에 눈이 내리고, 밭에도 서리가 내려서 옥수수가 죽기도 했어요. 많은 나라에서 농작물이 죽는 바람에 일부 식품의 가격이 아홉 배에서 열 배가량 뛰었어요. 뒤이은 굶주림과 질병으로 적어도 8만 명이 목숨을 잃었어요.

크라카타우산

1883년 5월 인도네시아 순다 해협에서 거대한 화산이 요동치기 시작했어요. 203년 전에 분화한 뒤로 잠자고 있던 크라카타우산이었지요. 하지만 죽은 것이 아니었어요. 몇 달 동안 부글거리며 연기를 내뿜다가 8월 25일, 드디어 쾅 하고 터졌어요.

그 뒤로 이틀 동안의 상황은 말 그대로 재앙이었어요. 뜨거운 화산재 더미가 산사태처럼 비탈로 쏟아져 내려갔어요. 섬의 70퍼센트가 파괴되었고, 화산은 저절로 붕괴하면서 거대한 칼데라가 생겼어요. 용암이 식어서 생긴 거대한 돌덩어리들이 주변의 바다로 우수수 떨어졌고요.

화산은 가스와 화산재를 무려 40킬로미터 높이까지 쏘아 올렸어요. 해를 가릴 만큼 엄청난 양이었어요. 이틀하고도 반나절 동안 그 지역은 어둠에 잠겼어요. 화산재가 계속 떠다니면서 해를 가렸기에 세계 평균 기온 역시 몇 달 동안 낮아졌어요. 또 곳곳에 비가 많이 내렸고, 저녁노을은 새빨갛게 물들었지요.

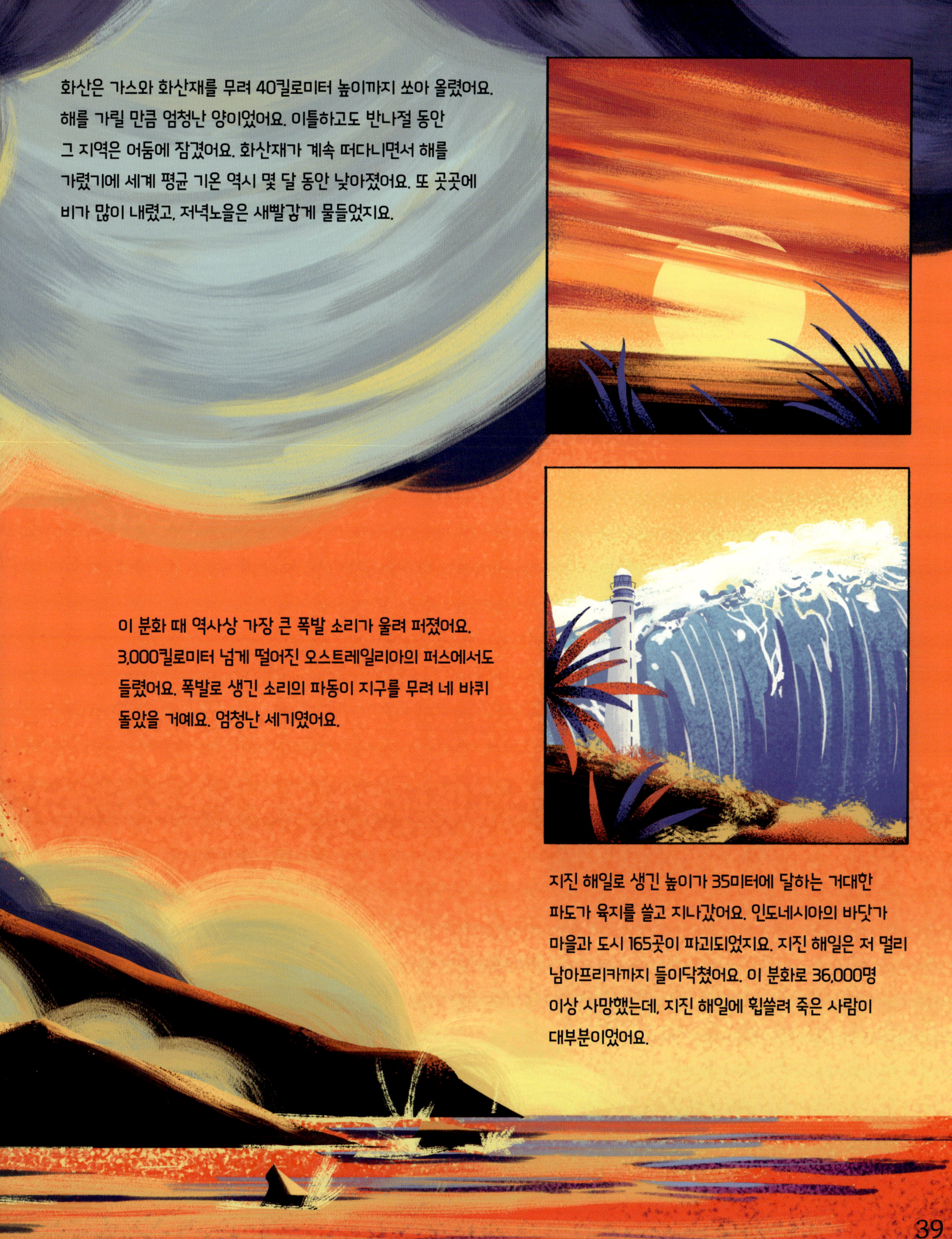

이 분화 때 역사상 가장 큰 폭발 소리가 울려 퍼졌어요. 3,000킬로미터 넘게 떨어진 오스트레일리아의 퍼스에서도 들렸어요. 폭발로 생긴 소리의 파동이 지구를 무려 네 바퀴 돌았을 거예요. 엄청난 세기였어요.

지진 해일로 생긴 높이가 35미터에 달하는 거대한 파도가 육지를 쓸고 지나갔어요. 인도네시아의 바닷가 마을과 도시 165곳이 파괴되었지요. 지진 해일은 저 멀리 남아프리카까지 들이닥쳤어요. 이 분화로 36,000명 이상 사망했는데, 지진 해일에 휩쓸려 죽은 사람이 대부분이었어요.

세인트헬렌스산

1980년 5월 18일 마그마가 솟아오르면서 이 산의 북쪽 비탈이 걱정스러울 만큼 부풀어 오르기 시작했어요. 대규모 산사태가 일어났고, 곧이어 거대한 폭발이 일어나면서 분화가 시작되었어요. 갑작스럽게 일어난 분화는 아홉 시간 동안 이어지며 주변을 완전히 파괴했어요. 420제곱킬로미터에 달하는 주변 땅이 피해를 입었는데 나무 1천만 그루가 쓰러지고 수많은 동물이 죽었어요. 화산재가 하늘로 25킬로미터까지 치솟았고, 400킬로미터 떨어진 도시까지 어둠에 잠겼어요. 화산의 꼭대기와 북쪽 비탈이 완전히 사라진 대신 거대한 분화구가 생겼어요.

에이야퍄들라이외퀴들산

아이슬란드의 이 화산은 대부분이 빙하에 숨겨져 있어요. 2010년 3월 20일에 첫 분화를 시작했고, 4월이 되자 엄청난 양의 화산재를 하늘로 뿜어내기 시작했어요. 9,000미터까지 솟구친 화산재는 바람을 타고 유럽 전역으로 퍼졌고 이 분출물이 자동차 앞 유리를 가려 운전을 할 수 없을 정도였어요. 화산재가 유입되어 엔진이 망가질까 봐 비행기도 띄울 수 없었어요. 그 결과 4월 15일에서 21일까지 유럽을 오가는 모든 항공기 운항이 중단되었고, 500만 명이 마냥 기다리거나 다른 교통편을 알아봐야 했지요.

화산과 함께 살아가기

베수비오산 비탈에는 약 200만 명이 살고 엘살바도르 일로팡고산 주변에도 그만큼의 사람들이 살아요. 대만의 타툰산 근방 10킬로미터 안에는 500만 명이 넘게 살지요. 왜 이들은 화산 가까이에 살까요?

사람들은 수천 년 동안 화산 주위에 살아왔어요. 화산을 신성시하거나 자기 문화의 일부라고 여기는 주민들도 있고, 실제로 화산은 농사 같은 생업에 도움이 되기도 해요. 화산 주변의 토양에는 대개 작물이 자라는 데 필요한 무기물이 풍부하지요. 그래서 주민들은 분화로 마을이 파괴되면 다시 복구하고 살아가곤 해요.

뉴질랜드, 이탈리아, 하와이, 인도네시아 등에서는 화산이 멋진 지형을 빚어내서 많은 관광객을 끌어들이기도 해요. 대표적으로 용암 동굴*과 온천이 있어요. 미국 옐로스톤 국립공원의 화산 지형을 찾는 방문객은 한 해에 약 400만 명에 달해요.

몇몇 나라에서는 화산 지대의 지하에 있는 뜨거운 마그마와 암석을 유용한 에너지원으로 쓰고 있어요. 지열 에너지*로 물을 데우고, 난방을 하고, 전기를 생산하지요. 아이슬란드는 사용 전기의 약 30퍼센트, 엘살바도르는 25퍼센트, 필리핀은 27퍼센트를 지열 발전소에서 생산해요.

화산이 만든 지형

화산은 파괴만 하는 것이 아니라 무엇인가를 만들기도 해요.
화산 활동은 화산 본연의 독특한 모양 말고도 지구에서
가장 색다르고 놀라운 특징과 풍경을 만들어요.

범람 현무암*은 용암이 넓은 면적을 뒤덮은 뒤 식어서 생긴 현무암이에요. 수천 년 또는 수백만 년 동안 분화가 일어나며 암석이 계단식으로 층층이 쌓여서 거대해진 곳도 있어요. 이를 '용암 대지'라고 하지요. 인도에 있는 데칸 용암 대지, 러시아에 있는 시베리아 용암 대지가 유명해요.

용암의 바깥 면은 식어서 굳어도 뜨거운 안쪽은 아직 흐를 수 있어요. 안쪽의 용암이 흘러 나가 속이 비면 튼튼한 용암 동굴이 되지요. 아주 거대한 용암 동굴도 있어요. 한국의 만장굴은 길이가 약 8,000미터이고 케냐의 리바이어던 동굴은 12,000미터가 넘어요.

바다 밑에서 화산이 분화해 용암층이 쌓인 곳에 다시 분화가 일어나기도 해요. 그렇게 용암이 계속 쌓이면 바다 위로 섬이 생길 수 있어요. 태평양의 하와이 제도와 갈라파고스 제도, 아프리카 북부 해안의 카나리아 제도 같은 유명한 화산섬들은 이런 화산 활동으로 생긴 거예요.

1963년 아이슬란드의 어부들은 놀라운 광경을 목격했어요.
바다 한가운데에서 연기가 솟아나고 있었어요.

그 뒤로 4년 동안 격렬한 화산 활동이
일어나면서 섬이 생겨났어요. 높이 155미터,
면적 120만 제곱미터의 쉬르트세이섬에는 지금
많은 식물과 바닷새들이 살고 있어요.

화산 활동이 일어나는 지역에서는 깊은 땅속에 있는
지하수가 과열될 수 있어요. 그러면 수증기가 팽창하면서
물줄기가 폭발하듯이 위로 솟구치곤 해요. 바로 '간헐천*'
이에요. 미국 옐로스톤 국립공원에는 200개가 넘는
간헐천이 있어요. 특히 올드페이스풀 간헐천은
30~90분마다 30~55미터 높이로 물줄기를 뿜어내요.

과학자들이 생명을 구하다!

화산학자를 비롯한 과학자들은 화산이 어떻게 활동하는지를 밝혀내고 있지만, 아직 모르는 것이 많아요. 하지만 이미 알아낸 지식을 토대로 분화가 일어나기 전에 미리 분화 시기를 예상하고 경고할 수도 있어요. 그러면 많은 생명을 구할 수 있지요.

화산학자는 신중하고 정확해야 해요. 분화가 곧 일어난다고 경고하려면 작지만 중요한 변화를 알아차려야 하지요. 지하수의 온도 변화는 마그마가 올라오고 있고 분화가 임박했다는 증거가 될 수 있어요. 화산 상공의 대기를 이루는 성분이 변화하는 것도 마찬가지지요.

분화가 곧 일어날 것을 예측할 수 있다면, 미리 경보를 보내고 사람들을 대피시킬 수 있어요. 2010년 인도네시아에서는 므라피산이 분화하기 직전에 비탈에 사는 주민들을 대피시킨 덕분에 수천 명의 목숨을 구할 수 있었어요.

많은 화산학자들은 활화산 가까이 다가가서 표본을 채취하고 데이터를 모으고 싶어 해요. 이런 자료는 나중에 화산이 분화할 때 어떤 일이 벌어질지를 예측하는 컴퓨터 모형을 만드는 데 쓰이기도 해요. 그러려면 화산 가까이에서도 일할 수 있는 방화복이 필요해요. 1,000도 이상의 온도를 견딜 수 있는 옷 말이에요.

분화가 일어나기 전에는 약한 지진이 자주 일어날 때가 많아요. 지진은 지진계*라는 장치로 측정해요. 화산 아래 마그마가 어디쯤 있고, 얼마나 세게 움직이는지를 알 수 있어요. 경사계*라는 장치는 마그마가 올라와서 화산이 부풀어 올랐을 때를 알 수 있도록 도와줘요. 또 인공위성으로도 땅이 조금이라도 움직인다면 알아차릴 수 있어요. 이런 장치들을 통해서 화산학자는 전 세계의 화산을 관찰해요.

태양계의 수많은 화산

화산은 지구에만 있는 것이 아니에요. 태양계 전체에서 발견되고 있답니다.
태양에 가장 가까운 행성인 수성에도 있고 토성의 달, 타이탄에도 있어요.

화성에는 아주 거대한 화산이 있어요. 높이가 12.1킬로미터인
엘리시움산과 알보르톨루스(Albor Tholus)산이 그래요.
하지만 이 두 화산보다 훨씬 더 큰 화산도 있어요.
바로 장엄한 올림퍼스산이에요. 사실 올림퍼스산은
태양계 전체에서 가장 큰 화산이자 산이에요.

사화산인 올림퍼스산은 지름이 600킬로미터에 달하는 순상 화산이에요.
태양계에서 가장 높은 산으로 높이가 21.9킬로미터예요. 지구에서 가장 높은
에베레스트산의 2.5배예요.

금성은 대기가 두껍고 짙어서 화산이 분화해도 지구에서 알아보기 어려워요. 그래도 과학자들은 금성에 다른 행성보다 더 많은 수천 개의 화산이 있을 것이라고 예상해요. 지표면 수백 킬로미터에 걸쳐서 용암을 쏟아 낸 마트산도 그중 하나예요.

22,000 m
20,000 m
18,000 m
16,000 m
14,000 m
12,000 m
10,000 m
8,000 m
6,000 m
4,000 m
2,000 m
0 m

이오는 목성의 많은 달 중 하나인데, 화산을 관측하기에 좋아요. 이 달의 표면은 흐르는 용암으로 이루어진 강과 호수로 얼룩덜룩해요. 천문학자들은 지금까지 이오에서 약 150개의 화산을 찾아냈어요. 그중에는 300킬로미터가 넘는 높이로 용암을 뿜어내는 화산도 있어요.

뜻풀이

8쪽
분화(분출): 화산에서 용암을 비롯한 화산 물질이 지표면 바깥으로 나오는 것.
용암: 화산에서 흘러나오는 높은 온도의 녹은 암석. 또는 그것이 식어서 굳은 암석.
지각: 지구의 표면을 덮고 있는 암석층.

10쪽
마그마: 땅속 깊은 곳에 높은 지열로 녹아 있는 암석.
맨틀: 지구 내부 맨 안쪽에 있는 핵과 지구 표면인 지각 사이에 마그마로 이루어진 두꺼운 층.
분화구: 용암 같은 화산 분출물이 뿜어지는 구멍. 분출구라고도 한다.
해저: 바다의 밑바닥.
화산재: 대기로 뿜어지는 용암의 작은 부스러기. 크기가 4밀리미터보다 작다.

12쪽
사화산: 역사에서 분화한 흔적을 전혀 찾아볼 수 없는, 활동이 완전히 끝난 화산.
화산학자: 화산과 그 활동을 연구하는 과학자.
휴화산: 오랫동안 분화하지 않았지만, 나중에 분화할 가능성이 있는 화산. 넓은 의미에서 활화산에 포함된다.

13쪽
활화산: 현재 분화하고 있거나 지난 10,000년 사이에 분화한 화산.

14쪽
불의 고리: 태평양 가장자리를 따라 화산들이 늘어선 지역. 환태평양 조산대라고도 한다.
지각판: 지각을 이루는 조각. 지각은 여러 조각의 커다란 판으로 이루어져 있다.
지각판의 경계: 둘 이상의 지각판이 서로 만나는 곳.
지진: 화산 활동이나 지각판 운동으로 땅이 갑자기 갈라지거나 흔들리는 현상.

16쪽
지진파: 지진으로 생기는 에너지가 물결처럼 나아가며 땅을 뒤흔드는 것.
진앙: 지진의 진원 바로 위 지표면의 지점.
진원: 지구 내부에서 최초로 지진파가 발생한 지점. 지진의 원인인 암석 파괴가 시작된 곳이다.

17쪽
염화 수소: 자극적인 냄새가 나는 무색의 기체로, 물에 녹으면 염산이 된다.
이산화 황: 독성이 있는 무색의 기체로, 산성비의 원인이 되는 오염 물질이다.

지진 해일: 화산 활동이나 지진으로 갑자기 바닷물이 크게 일어 육지로 넘쳐 들어오는 현상. 쓰나미라고도 한다.

19쪽
소듐: 바닷물, 광물, 암염 따위에 들어 있는 원소. 나트륨이라고도 하며, 염소와 결합해서 우리가 먹는 소금이 된다.

20쪽
분석구: 분석(구멍이 많이 나 있는 화산 자갈)이 층층이 쌓여서 생긴 언덕 또는 산.
화산회구: 화산에서 솟아 나온 물질이 쌓여 형성된 원뿔 모양의 언덕 또는 산.

21쪽
세인트빈센트 그레나딘: 중앙아메리카 카리브해의 서인도 제도 동부에 있는 영국 연방의 독립 국가.
용암동: 분화구로부터 용암이 분출되어 분화구 위에 용암류가 만들어 낸 화산암 언덕.

27쪽
해발: 해수면에서부터 잰 육지나 산의 높이.

28쪽
열곡: 화산 활동 등으로 땅이 쪼개져 생긴 틈새가 절벽으로 둘러싸인 좁고 긴 골짜기.

43쪽
용암 동굴: 용암이 흐르면서 겉은 식어 굳어지고 속은 쉽게 굳지 못한 채로 계속 흘러 나감으로써 생긴 굴.
지열 에너지: 암석이나 온천의 자연적인 열에서 얻는 에너지. 화산 지역에서 많이 얻을 수 있다.

44쪽
범람 현무암: 대륙에 발달한 대형 화산암. 점성이 낮아 잘 흐르는 마그마가 수평 방향으로 넓게 퍼져 나가며 형성된다.

45쪽
간헐천: 물과 수증기를 쏘듯이 공중으로 뿜어 올리는 천연 온천.

47쪽
경사계: 지층면이나 단층면의 경사각 따위를 측정하는 데에 쓰는 휴대용 기구. 지질 조사를 할 때 쓴다.
지진계: 지진의 진동을 자동으로 기록하는 기계. 지진의 강도와 방향 따위를 알 수 있다.

클라이브 기포드 글

어린이들에게 유익한 정보를 제공하는 수많은 책을 지었어요. 2016년에는 영국왕립학술원(The Royal Society)의
〈Young People's Book Prize〉를 수상하기도 했어요. 쓴 책으로는 《참 놀라운 시간 이야기》, 《비교할수록 쉬워지는 단위》,
《플라스틱은 왜 지구를 해칠까요?》, 《밥을 먹지 않으면 뇌가 피곤해진다고?》, 《빠르게 보는 돈의 역사》,
《신비로운 뇌 세상 여행》 등이 있어요.

안드레사 마이스너 그림

대담하고 다채롭고 개성 있는 그림을 그리는 브라질 출신의 일러스트레이터예요.
어린이를 위한 다양한 책에 화려한 색채를 이용한 자연스러운 그림을 그리고 있어요.
그린 책으로는 《상어의 배고픈 역사(The Hungry History of Sharks)》가 있어요.

이한음 옮김

서울대학교에서 생물학을 공부했고, 과학 전문 번역가이자 과학 전문 저술가로 활동하고 있어요.
스포츠부터 과학 기술에 이르기까지 다양한 분야의 지식을 어린이들에게 전하고 있지요.
옮긴 책으로는 《로봇이 궁금해!》, 《극지방이 궁금해!》, 《바다: 우리 몸 안내서》, 《사이언스 2025》,
《과학과 역사가 보이는 5,000가지 지식》, 《초등학생이 알아야 할 우리 몸 100가지》 등이 있어요.